Der Geruch von frisch geschnittenem Gras

Thich Nhat Hanh

DER GERUCH VON FRISCH GESCHNITTENEM GRAS

Theseus Verlag

INHALT

Vorwort

Es scheint so einfach und klar, was der vietnamesische buddhistische Mönch, Zenmeister und Poet Thich Nhat Hanh uns in diesem Buch als Anleitung zur Gehmeditation vorträgt, aber bei der Übung werden Sie merken, dass es so ganz einfach nicht ist. Wir müssen wieder von vorne anfangen, wie ein Kind gehen zu lernen, und dazu braucht es Ausdauer.

Die vier Grundhaltungen des Menschen sind Sitzen, Gehen, Stehen und Liegen. Es gibt viele Zenschulen, die zur Meditation das Sitzen bevorzugen und das Gehen nur als eine Art Beinevertreten zwischen den Sitzperioden betrachten. Doch in unserem westlichen Leben sitzen wir ohnehin schon sehr viel: im

Büro am Computer, zu Hause im Sessel beim Lesen, am Computer und vor dem Fernseher, im Auto, im Flugzeug, im Kino. Von daher ist es eine Erleichterung zu lernen, wie man achtsam und entspannt gehen und dabei meditieren kann.

Wir lernten die Gehmeditation bei Thich Nhat Hanh Anfang der achtziger Jahre in den langgestreckten Weinbergen zwischen den Sonnenblumenfeldern Südfrankreichs kennen, und wir üben sie jetzt noch jeden Tag in den wunderschönen Laubwäldern der Eifel und den saftiggrünen Wiesen, die den Blick weit ins Land freigeben. Wir haben uns beim Gehen dem Duft des Thymians in Südfrankreich hingegeben, und nehmen heute den Geruch des frisch geschnittenen Grases in der Eifel in uns auf. Wir lernten beim Gehen am Strand in Holland, eins zu werden mit der salzigen Meeresbrise, die über unser Gesicht strich und unsere Haare zerzauste, während heute der Wind unsere Schritte knirschend durch den Schnee der Eifel treibt.

Doch natürlich ist Gehmeditation nicht nur in ruhiger, ländlicher Umgebung möglich. Leben Sie in der Stadt, dann machen Sie in einem Park Gehmeditation. Müssen Sie täglich auf zugigen Bahnsteigen warten, dann üben Sie dort achtsames Gehen. Schreiten Sie, hetzen Sie nicht durch die Straßenschluchten.

Durch die Übung der Gehmeditation wird es Ihnen gelingen, sogar in der Hektik eines Flughafens oder im Weihnachtsmarktchaos in Ihrem eigenen persönlichen Rhythmus zu gehen, zu atmen, zu hören, zu riechen und zu sehen, eben mit allen Sinnen wach im Augenblick zu gehen.

In diesem Buch zeigt Thich Nhat Hanh den Weg. Er sagt Ihnen: »Sie können es!«

Judith Bossert und
Adelheid Meutes-Wilsing
Oktober 2001
Zenklausen in der Eifel

Sie können es

Gehmeditation ist eine Meditationsübung im Gehen. Sie kann Ihnen Frieden bringen, während Sie üben.

Bei der Gehmeditation sollten Ihre Schritte langsam, entspannt und ruhig sein; lassen Sie ein Halblächeln auf Ihrem Gesicht sein.

Sie sollten gehen wie jemand, der völlige Ruhe hat und gänzlich unbeschäftigt ist. Während Sie solche Schritte machen, lassen Sie alle Sorgen, alle Trauer von sich abfallen. Um voller Frieden zu sein, müssen Sie fähig werden, auf diese Weise zu gehen.

Es ist gar nicht so schwer, Sie können es. Jeder Mensch kann es, wenn er oder sie wirklich in Frieden sein möchte.

GEHEN, OHNE ANZUKOMMEN

In unserem geschäftigen Leben fühlen wir uns oft abgehetzt und unter Zeitdruck. Meist sind wir in Eile. Aber wo hetzen wir eigentlich ständig hin? Das ist eine Frage, die wir uns nur sehr selten stellen.

Gehmeditation ist wie ein Spaziergang. Wir haben dabei nicht die Absicht, einen bestimmten Ort innerhalb einer bestimmten Zeitspanne erreichen zu wollen.

Zweck der Gehmeditation ist die Gehmeditation selbst. Entscheidend ist das Gehen, nicht das Ankommen, denn Gehmeditation ist kein Mittel, es ist das Ziel selbst.

Jeder Schritt ist Leben; jeder Schritt ist Frieden.

Das ist der Grund, warum wir nicht zu eilen brauchen; darum verlangsamen wir unsere Schritte.

Gehen Sie, aber gehen Sie nicht. Gehen Sie, aber lassen Sie sich durch nichts antreiben, was immer es auch sei.

So wird, wenn wir gehen, wie von selbst ein Halblächeln auf unserem Gesicht sein.

Entspannte Schritte

Die Schritte unseres alltäglichen Lebens sind durch unsere Sorgen, unseren Ärger und unsere Ängste ganz schwer geworden. Unser Leben hat sich oftmals zu einer bloßen Aneinanderreihung von Monaten und Jahren voller Sorgen entwickelt. Von daher können unsere Schritte nicht entspannt sein.

Die Erde ist so schön mit ihren vielen wunderbaren Wegen: Da sind schmale Pfade mit jungen Birken an jeder Seite; da gibt es Wege, auf denen Sie sich vom Geruch des frisch geschnittenen Grases berauscht fühlen; Sie finden Pfade, die mit Laub in den schönsten Farben bedeckt sind.

Aber nur selten sind wir uns dieser Wege bewusst, und oft wissen wir sie gar nicht zu schätzen. Das ist so, weil wir nicht entspannt sind und unser Gang kein entspannter Gang ist.

Gehmeditation ist eine Übung, durch die wir zu einem entspannten Gehen zurückfinden.

Im Alter von ungefähr anderthalb Jahren beginnen wir, unsere ersten noch schwankenden Schritte zu machen.

Wir werden jetzt, in der Übung der Gehmeditation, diese unsicheren, tastenden Schritte wieder machen.

Nach ein paar Wochen Praxis können wir dann sicher, natürlich und friedvoll gehen.

Ich habe dies niedergeschrieben, um Ihnen zu helfen, mit dieser Übung zu beginnen.

Ich wünsche Ihnen Erfolg.

Lassen Sie die Sorgen von sich abfallen

Wenn ich die Augen eines Buddha hätte, würde ich in Ihren Fußabdrücken die Spuren von Kummer und Sorgen klar erkennen, die Sie beim Gehen auf der Erdoberfläche hinterlassen, so wie ein Wissenschaftler unter dem Mikroskop in einer dem Meer entnommenen Probe Wasser das Leben der Mikroorganismen studieren und erkennen kann.

Gehen Sie so, dass Sie nur Frieden in Ihrem Fußabdruck hinterlassen. Das ist das Geheimnis der Gehmeditation.

Wenn Sie auf diese Weise gehen wollen, müssen Sie wissen, wie Sie Kummer und Sorgen loslassen können.

GEHEN IM REINEN LAND

Wenn ich die Füße eines Buddha hätte, würde ich Sie mitnehmen in Amitabha Buddhas Reines Land – oder in christlicher Terminologie: Ich würde Sie mitnehmen in das Reich Gottes.

Die Umgebung dort ist sehr schön und friedvoll.

Aber wie werden Sie gehen, wenn Sie dort angekommen sind?

Sind Sie sicher, dass Sie nicht die Spuren Ihres weltlichen Lebens, die Spuren von Kummer und Sorgen in Ihren Fußabdrücken im Reinen Land zurücklassen?

Bringen Sie Kummer und Sorgen mit und prägen Sie sie dort in den Boden ein, so werden Sie das Reine Land verunreinigen.

Um fähig zu sein, in einer friedlichen Welt zu leben, müssen Sie in der Lage sein, hier auf dieser Erde friedvoll zu gehen.

Diese Erde ist das Reine Land

Ich möchte Sie gern etwas wissen lassen: Wenn Sie hier auf der Erde Schritte voller Frieden machen können, dann ist es nicht mehr nötig, das Reine Land des Buddha oder das Reich Gottes zu erreichen.

Sobald Sie frei und in Frieden sind, ist das Weltliche rein und das Reine weltlich und es gibt keinen Ort mehr, zu dem Sie gelangen müssten. Es ist dann nicht mehr nötig, die wunderbaren Füße des Buddha zu gebrauchen, selbst wenn Sie sie hätten.

DIESE ERDE BIRGT ALLE WUNDER DES REINEN LANDES

Sie müssen lernen, von Ihren Sorgen, Ihrem Kummer abzulassen, um frei und in Frieden zu sein.

Als Erstes müssen Sie sorgfältig beobachten, wahrnehmen und erkennen, dass diese Welt selbst alle Wunder des Reinen Landes birgt.

Es sind unsere Sorgen, unsere Kümmernisse, unsere Probleme, die uns blind und unfähig machen, diese Wunder zu sehen.

Ich denke oft, dass ich unsere Welt dem Reinen Land vorziehen würde, denn es gibt so viele Dinge hier auf Erden, die ich sehr gern habe, zum Beispiel Pflaumenbäume, Kastanienbäume, Eichen, Apfelbäume, Kiefern und Weiden.

Mir wurde erzählt, dass es im Reinen Land kostbare Lotosteiche gäbe, edelste Bäume und Wege, die bedeckt sind mit Gold und Silber, sowie erlesene Singvögel.

Ich spüre keine besondere Vorliebe für diese Kostbarkeiten. Ich mag nicht gern auf Wegen gehen, die mit Gold und Silber gepflastert sind, ebenso wenig wie auf marmornen Wegen dieser Erde.

Ich liebe dagegen die Sandwege mit den Grasbüscheln, die zu beiden Seiten wachsen. Ich liebe jeden einzelnen Kieselstein und das Laub, das auf die Wege gefallen ist.

Ich mag die vielen Sträucher, die Weißdornbüsche, die Bäche, Flüsse und Seen.

Als ich noch ein junger Novize war, sagte ich einst zu meinem Lehrer: »Thay, ich werde nicht in das Reine Land gehen, wenn es dort keine Zitronen- und Stechapfelbäume gibt.«

Mein Lehrer schüttelte den Kopf und lächelte. Vielleicht hielt er mich für einen besonders eigensinnigen Schüler. Aber er sagte nie, ob er mir zustimmte oder nicht.

Jetzt bin ich sehr glücklich, denn ich weiß, dass das Weltliche und das Reine nur Vorstellungen unseres Geistes sind. Ich bin glücklich, denn ich bin nun sicher, dass es im Reinen Land sowohl Zitronen- und Stechapfelbäume gibt als auch die rötlichen Sandwege mit den Grasbüscheln an den Rändern.

Ich weiß, wenn ich aufmerksam und achtsam alles betrachte und mit friedvollen Schritten gehe, dann kann ich das Reine Land sehen und erfahren.

Darum übe ich jeden Tag Gehmeditation.

DAS SIEGEL EINES KÖNIGS

Wählen Sie einen ruhigen Weg in einem Park, einem Wald oder an einem Flussufer, auf dem Sie üben können. Gut ist es, wenn der Weg nicht zu uneben oder zu steil ist. Es gibt Menschen, die Gehmeditation in Internierungs- oder Flüchtlingslagern üben, andere tun dies in engen, dunklen Gefängniszellen.

Wenn Sie üben, verlangsamen Sie Ihre Schritte. Richten Sie Ihre ganze Aufmerksamkeit auf sie. Seien Sie sich jedes Schrittes bewusst.

Gehen Sie behutsam und ruhig. Gehen Sie wie ein Buddha.

Setzen Sie beim Gehen Ihren Fuß behutsam, aber doch zuversichtlich auf die Erdoberfläche, so wie ein König sein Siegel auf einen königlichen Erlass setzt.

Das Siegel auf einem königlichen Erlass kann für das Volk Frieden, es kann aber auch sehr viel Leid bedeuten.

Dasselbe gilt für Ihre Schritte.

Eine friedliche Welt hängt davon ab, ob Sie friedvoll gehen können oder nicht.

Alles hängt von einem einzigen Ihrer Schritte ab.

Wenn Sie nämlich einen friedvollen Schritt machen können, sind Sie auch fähig, zwei zu machen. Schließlich kann jeder Ihrer Schritte voller Frieden sein.

Gehen ist Ihre wichtigste Handlung

Welche Ihrer Tätigkeiten halten Sie für die wichtigsten in Ihrem Leben? Ein Examen zu bestehen, ein Auto zu kaufen, ein Haus zu bauen, eine Beförderung zu erhalten?

Viele Menschen haben ihre Examina bestanden, sich Autos gekauft und Beförderungen erhalten, aber sie sind nicht in Frieden, fühlen sich nicht erfüllt.

Doch das Wichtigste ist, mit sich in Frieden zu leben und diesen Frieden mit allen anderen Lebewesen zu teilen.

Um jedoch Frieden finden zu können, muss Ihnen jeder Ihrer Schritte bewusst sein. Ihr Gehen ist Ihre wichtigste Aktivität. Es entscheidet alles.

Ich zünde etwas Weihrauch an, lege meine Handflächen zu einer Lotosblüte zusammen und wünsche Ihnen Erfolg.

Ein frischer Windhauch steigt von jedem Schritt auf

Am Anfang des Gehmeditationsweges in einem unserer Klöster steht ein großer Stein, in den fünf Worte gemeißelt sind: *bô, bô, thanh phong khoi.* Das bedeutet: »Ein frischer Windhauch steigt von jedem Schritt auf.«

Ist das nicht schön? Dieser frische Windhauch ist Freude, Frieden und Freiheit; er bläst alle Sorgen um Leben und Tod hinweg und bringt uns die Frische des Friedens in unseren Geist zurück.

Wenn Sie so gehen, können Sie der Welt helfen.

Wach sein, um loszulassen

Unser Leben scheint oftmals vor allem von Kummer und Sorgen erfüllt zu sein. Wie können wir uns daraus befreien?

Gehen Sie entspannt und sicher; seien Sie wach und entschlossen.

Seien Sie wach, damit Sie spüren, welch schwere Last an Sorgen und Kummer Sie mit sich herumtragen. Seien Sie entschlossen, diese Last von sich abzuschütteln. Kummer und Sorgen bedrücken uns, wenn wir mit Vergangenheit und Zukunft beschäftigt sind.

Wenn wir all unsere Sorgen und unseren Kummer eingehend betrachten, können wir uns von ihnen lösen, können wir erwachen. Lasst uns dann Mitgefühl haben mit uns selbst.

Wir empfinden Mitgefühl mit uns, wenn wir merken, wie wir im Käfig der Zeit, in Kummer und Sorgen gefangen sind.

Wenn wir wollen, können wir jetzt alles loslassen; genauso wie wir unsere Regenjacke ausziehen, sie schütteln und alle Regentropfen abfallen.

LÄCHELN SIE WIE EIN BUDDHA

Lassen Sie Sorgen und Kummer los, und lassen Sie ein Lächeln in sich erblühen, gerade ein Halblächeln. Bewahren Sie dieses Halblächeln auf Ihren Lippen so wie ein Buddha.

Lernen Sie zu gehen, wie ein Buddha geht; zu lächeln, wie ein Buddha lächelt. Sie können es. Warum sollten Sie auf unbestimmte Zeit warten, um ein Buddha zu werden? Sie können jetzt, in diesem Moment, Buddha sein.

In meinem Buch *Das Wunder der Achtsamkeit* habe ich viele Male das Halblächeln und seine wohltuende Wirkung erwähnt.

Dieses Halblächeln ist nicht nur die Folge von Bewusstheit und Frieden; es ist auch die Kraft, diese zu fördern und zu erhalten. Es ist ein wahres Wunder.

Bitte denken Sie daran, es nicht zu vergessen. Es ist Ihr Schatz an Glück. Es bringt Ihnen Frieden und Bewusstheit und macht die, die um Sie sind, friedvoll und wach.

Die Erde verwandelt es in das Reine Land.

Während Sie Gehmeditation üben, erinnern Sie sich bitte daran, dieses Halblächeln zu bewahren. Es macht Ihre Schritte ruhiger, entspannter und wacher.

EINE KETTE AUS PERLEN

Das Halblächeln und die friedvollen Schritte können wir uns als glänzende, aber noch einzelne Perlen vorstellen.

Ihr Atem ist die Schnur, die diese Perlen zu einer Kette zusammenfügt; es gibt dann keine Getrenntheit mehr zwischen den Perlen.

Bitte atmen Sie voller Bewusstheit, wenn Sie Gehmeditation üben. Sich des Atems bewusst zu sein, ist ein wunderbarer Weg, um Achtsamkeit und Frieden zu bewahren. Dadurch nähren Sie jeden Schritt.

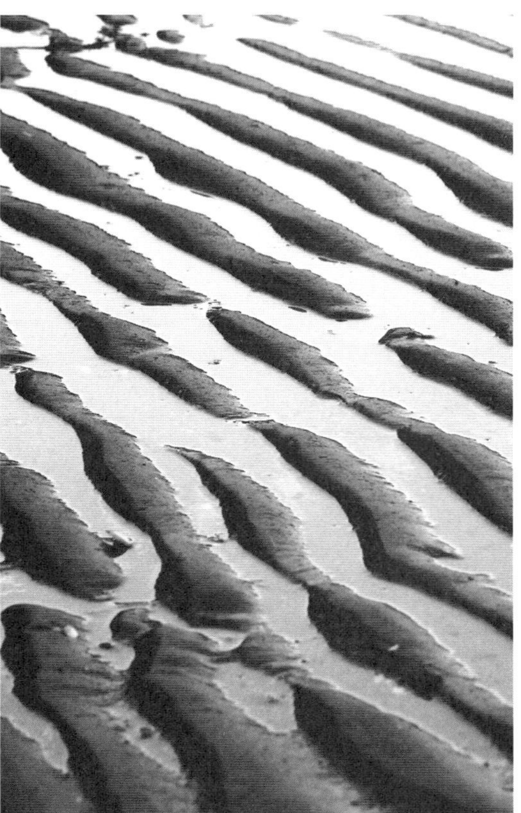

Atmen, zählen und gehen

Achtsames Atmen ist etwas anderes als regelmäßiges Atmen. Achtsames Atmen bedeutet, dass Sie, während Sie atmen, wissen, dass Sie atmen. Wenn Sie einen langen Atemzug machen, wissen Sie, dass es ein langer Atemzug ist, und genauso ist es bei einem kurzen Atemzug. Wenn Sie sanft atmen, sind Sie sich dessen bewusst, dass Sie sanft atmen.

Vielleicht ist Ihnen unklar, wie Sie zur gleichen Zeit sowohl dem Atem als auch dem Gehen aufmerksam folgen können.

Es ist aber möglich, Atem und Gehen zu vereinen. Wir zählen dazu die Schritte. Mit anderen Worten: Wir messen die Länge der Atemzüge an der Zahl der Schritte.

Wie viele Schritte machen wir bei der Einatmung, wie viele Schritte machen wir bei der Ausatmung? Diese Methode benutze ich seit vielen Jahren; ich möchte sie gern mit Ihnen teilen, damit Sie sie ausprobieren können. Verlangsamen Sie

Ihre Schritte, aber werden Sie nicht zu langsam, und atmen Sie ganz normal. Versuchen Sie nicht, die Länge Ihres Atems auszudehnen oder zu beeinflussen. Gehen Sie für ein paar Minuten in dieser Weise.

Beginnen Sie dann darauf zu achten, wie viele Schritte Sie machen, während Sie einatmen. Auf diese Weise ist Ihre Aufmerksamkeit sowohl auf den Atem als auch auf das Gehen gerichtet. Ihr Halblächeln ist mit der Ruhe Ihrer Schritte und Ihrer Atmung tief verbunden.

All dies ist sowohl Gegenstand der Aufmerksamkeit als auch der Weg, Aufmerksamkeit und Frieden in sich zu bewahren.

Nach einigen Stunden ernsthaften Übens werden Sie sehen, dass alle vier Elemente – der Atem, das Zählen, die Schritte und das Halblächeln – zusammenwachsen und einen Zustand entspannter Aufmerksamkeit bewirken.

Das ist Bewusstheit, das ist Weisheit.

DAS MAß UNSERER SCHRITTE

Ich möchte Ihnen noch mehr über die Methode des Zählens sagen. Um bequemer zählen zu können, sollten Sie die Geschwindigkeit Ihrer Schritte anpassen. Wenn Sie zum Beispiel herausfinden, dass Ihre Einatmung keine drei Schritte dauert, sondern nur zweieinhalb, können Sie entweder etwas schneller gehen, so dass Ihre Einatmung genau drei Schritte umfasst, oder Sie gehen etwas langsamer, so dass zwei Schritte einer Einatmung entsprechen. Dann behalten Sie diesen Rhythmus des Zählens und Atmens bei.

Ihre Ausatmung ist vielleicht länger als Ihre Einatmung; das ist oft bei Anfängern dieser Übung der Fall. Wenn Sie

Ihren Rhythmus eine Zeit lang beobachten, werden Sie entdecken, dass die Länge Ihres normalen Atems zum Beispiel 3 – 3 oder 2 – 3 beträgt. Die erste Zahl bezeichnet die Anzahl der Schritte, die Sie während einer Einatmung machen; die zweite Zahl die der Schritte während einer Ausatmung. Im ersten Fall sind Ein- und Ausatmung von gleicher Länge (3 – 3). Im zweiten Fall ist die Einatmung kürzer als die Ausatmung (2 – 3).

Wenn Sie zwei Schritte bei jeder Einatmung und drei bei jeder Ausatmung machen, merken Sie sicherlich, dass 2 – 3 das Maß Ihrer Normalatmung beim Gehen darstellt. In diesem Maß zu atmen erfrischt Ihre Lunge und Sie werden sich wohl fühlen. Sie können so eine ganze Weile atmen, ohne sich müde zu fühlen.

Wenn Sie einen Berg hinauf- oder hinuntergehen, ist die Länge Ihrer Atemzüge kürzer; dies ist nicht Ihre gewöhnliche Atmung. Bitte folgen Sie stets Ihrer Atmung, ohne sie in die eine oder andere Richtung beeinflussen zu wollen.

Mehr Luft einatmen

Nach ein paar Tagen Übung können Sie folgende Methode ausprobieren: Während Sie ganz normal gehen und atmen, verlängern Sie bei einem Schritt Ihre Ausatmung. Wenn zum Beispiel Ihr normaler Atem 2–2 ist, so versuchen Sie vier oder fünf Atemzüge lang 2–3 zu üben und kehren Sie dann zurück zu 2–2. Sie werden sich dabei vermutlich sehr wohl fühlen, da sich die Lungenflügel bei einer verlängerten Ausatmung ein wenig mehr zusammenziehen und mehr verbrauchte Luft ausströmen kann. Bei unserer normalen Atmung kann die verbrauchte Luft nicht vollständig aus den Lungenspitzen ausströmen. Die Ausatmung um einen Schritt auszudehnen bedeutet, dass alle sauerstoffarme Luft ausgeatmet wird. Vier oder fünf solcher Atemzüge sind genug, da Sie sonst vielleicht ermüden. Atmen Sie also in dieser Weise vier- oder fünfmal und kehren Sie dann zu Ihrer normalen Atmung zurück. Nach ungefähr fünf Minuten können Sie die Übung wiederholen, auch dieses Mal nur für vier oder fünf Atemzüge. Kehren Sie dann wieder zu Ihrer Normalatmung zurück. Bitte denken Sie daran, nur die Ausatmung um einen Schritt auszudehnen, nicht die Einatmung.

Wenn Sie dies eine Zeit lang geübt haben, verspüren Sie vielleicht das Bedürfnis, Ihre Einatmung um einen Schritt zu verlängern. Ihre Lungenflügel scheinen Ihnen sagen zu wollen, dass es sich sehr gut anfühlen wird, wenn Sie nun einen Schritt mehr für jede Einatmung verwenden. Aber Sie sollten Ihre Einatmung nur dann ausdehnen, wenn Sie dieses

Bedürfnis auch tatsächlich verspüren. Dann wird es gut sein. Üben Sie jedoch auch dies nicht länger als vier oder fünf Atemzüge lang, und denken Sie daran, dann zu Ihrer normalen Atmung (zum Beispiel 2 – 2) zurückzukehren. Nach ein paar Minuten können Sie, wenn Sie mögen, Ihre Ausatmung ausdehnen (2 – 3), dann Ihre Einatmung (3 – 3). Ihre Lungen werden nach einigen Monaten Übung gesünder und kräftiger, Ihr Blut wird besser gereinigt sein. Ihre normale Atmung wird sich vielleicht ändern, möglicherweise wird sie zum Beispiel 3–3 statt vorher 2–2.

Atmen Sie ganz normal, während Sie die Gehmeditation üben. Das Maß Ihrer Schritte wird zu Ihrem eigenen Maß.

GEHEN UND STEHEN – JEDE HANDLUNG SETZT DAS WERK DES BUDDHA FORT

Ich habe Ihnen bereits vorgeschlagen zu gehen, wie ein Buddha geht; Schritte zu machen, wie sie ein Buddha macht. Jeder Schritt prägt Ihren Frieden, Ihre Entspanntheit in die Erdoberfläche. So wird die Erde, auf der Sie gehen, geheiligt.

1968 hatte ich die Möglichkeit, den Linh-Thuu-Berg zu besuchen; dort hat Shakyamuni Buddha einmal gelebt.

Ich hatte die Gelegenheit, allein und achtsam auf den Wegen zu gehen, auf denen Shakyamuni einst gegangen war. Ich stand auf dem Stück Land, auf dem zweitausendfünfhundert Jahre zuvor seine kleine Hütte errichtet war. Ich saß auf dem Felsblock, auf dem er damals saß, und sah die rote Sonne am Horizont versinken, genau so, wie er dies vor langer Zeit gesehen hat. Da fühlte ich, dass ich Buddhas Werk nicht werde fortsetzen können, wenn ich nicht so gehe, nicht so stehe und die Dinge nicht so betrachte, wie es der Buddha getan hat.

Genau so ist es bei Ihnen. Wenn Sie nicht gehen, stehen, sitzen und die Dinge so betrachten wie der Buddha, so können Sie nicht das Werk des Buddha zum Wohle aller Lebewesen fortsetzen. Nicht durch das Predigen der Sutras manifestieren wir den Weg von Achtsamkeit und Weisheit, sondern durch die Art und Weise, wie wir im täglichen Leben gehen, stehen, sitzen und sehen.

Es gibt keine Erleuchtung außerhalb des alltäglichen Lebens.

EINE LOTOSBLUME ERBLÜHT AUS JEDEM SCHRITT

Wenn ein Künstler ein Bild malt oder eine Statue formt, die den Buddha darstellt, wie er auf einem Lotos sitzt, so tut er dies nicht allein, um den Buddha zu ehren. Der Künstler möchte zeigen, dass der Buddha in Bewusstheit und Frieden sitzt.

Jeder von uns setzt sich viele Male am Tag hin, aber nur sehr wenige von uns können so friedvoll sitzen wie ein Buddha.

Viele von uns setzen sich so hin, als hätten sie auf einer Unterlage voll glühender Kohlen Platz genommen; kaum dass sie sitzen, denken sie schon wieder an etwas anderes und springen auf.

Selbst wenn der Buddha auf einem Stein sitzend dargestellt ist, drückt seine

Haltung Ruhe aus, als säße er auf einem Lotus.

Als junger Mönch wurde ich gelehrt, vor dem Hinsetzen folgenden Gedanken in mir zu erwecken: *Indem ich mich hinsetze, wünsche ich, dass alle Lebewesen auf dem Thron der vollständigen Erleuchtung sitzen mögen und dass ihr Geist von Illusionen und falschen Ansichten frei ist.*

Nachdem wir diesen Gedanken in uns hatten erstehen lassen, sollten wir uns achtsam hinsetzen. So lernt man, wie ein Buddha zu sitzen.

Ich möchte gerade denen, die in das Reine Land eingehen möchten, noch einmal sagen: Sitzen Sie bitte jetzt auf einem Lotos. Warten Sie nicht, bis Sie das Reine Land erreicht haben. Werden Sie bitte genau in diesem Augenblick in einem Lotos neugeboren. Wenn Sie jetzt neugeboren einer Lotosblume entsteigen und auf dem Lotosthron sitzen, dann brauchen Sie nicht länger an der Existenz des Reinen Landes zu zweifeln.

Gewöhnlich wird der neugeborene Buddha dargestellt, wie er sieben Schritte macht. Bei jedem Schritt erblüht eine Lotosblume aus dem Abdruck, den sein Schritt auf der Erde hinterlassen hat. Wir sollten fähig sein, Schritte zu machen, die so friedvoll sind, dass eine Lotosblume aus jedem dieser Schritte erblühen kann. Wenn Sie das nächste Mal üben, versuchen Sie es; lassen Sie eine Lotosblume aus jedem Ihrer Schritte erblühen, genauso, wie ein neugeborener Buddha dies vermag.

Sie brauchen sich nicht minderwertig oder Ihrer Aufgabe nicht gewachsen zu fühlen. Wenn Ihr Schritt ruhig und friedvoll ist, ist er würdig, einen Lotos erblühen zu lassen. Auch Sie sind ein Buddha, wie alle anderen auch. Der Buddha selbst hat dies gesagt. Er sagte, dass jedes Lebewesen das Potenzial in sich trägt zu erwachen.

Gehmeditation zu üben bedeutet, ein Leben in Achtsamkeit zu üben. Achtsamkeit und Erleuchtung sind eins.

Das Wunder, auf der Erde zu gehen

Friedliche und entspannte Schritte auf dieser Erde zu tun, das ist ein Wunder. Einige Leute meinen, dass nur das Laufen auf brennenden Kohlen, auf Nägeln oder auf Wasser als Wunder bezeichnet werden kann. Aber ich glaube, dass das Gehen auf dieser Erde bereits ein Wunder ist. Neige Marchand hat für die französische Übersetzung des Buches *Das Wunder der Achtsamkeit* den Titel: *Le miracle, c'est de marcher sur terre* (»Das Wunder, auf der Erde zu gehen«) gewählt. Ich mag diesen Titel sehr.

Stellen Sie sich einmal vor, Sie und ich, wir wären Astronauten. Wir sind auf dem Mond gelandet und können nicht zur Erde zurückkehren, da die Antriebsmotoren unseres Raumschiffes nicht mehr funktionieren und wir keine Möglichkeiten haben, sie zu reparieren. Vom Kontrollzentrum erfahren wir, dass kein anderes Raumschiff rechtzeitig eintreffen wird, um uns zu retten, und wir wissen sehr gut, dass wir in zwei Tagen sterben werden, da unsere Sauerstoffvorräte dann verbraucht sind. In diesem Moment wünschen Sie und ich nichts sehnlicher, als auf unseren wunderbaren Planeten zurückkehren zu können und zusammen friedvolle Schritte zu tun. Jetzt, da wir wissen, dass der Tod unvermeidlich ist, können wir ermessen, wie kostbar die Schritte auf der grünen Erde sind.

Nun stellen wir uns vor, wir wären Astronauten, die überlebt haben und auf die Erde zurückkehren konnten. Wir sind überglücklich darüber, friedvoll auf unserem grünen Planeten gehen zu können.

Dieses Wunder drücken wir mit jedem unserer Schritte aus. Das genau ist gemeint mit dem Erblühen einer Lotosblume aus jedem Schritt. Bitte üben Sie dies, und seien Sie sich dessen bewusst, dass Sie wunderbare Schritte auf der Erdoberfläche machen. Die Erde wird vor Ihren Augen und unter Ihren Füßen als ein Wunder erstehen. Mit dieser Achtsamkeit, mit dieser Methode der Konzentration können Sie sich glücklich und frei auf der Erde bewegen.

Versuchen Sie einmal, wie ein spielendes Kind mit nur einem Fuß auf der Erde zu stehen. Sie können dann unter Ihrem Fuß die ganze runde Erde sehen. Während Sie gehen, können Sie Ihren Blick senken und den Boden, auf den Sie ihren Fuß setzen wollen, deutlich vor sich sehen. Gehen Sie achtsam auf diesem Boden, so sind Sie auch achtsam zu sich selbst.

Seien Sie sich der Erde und Ihres Fußesgleichzeitig bewusst. Mit Ihrem geistigen Auge können Sie sehen, dass Ihr Fuß ein königliches Siegel ist. Gehen Sie in der Meditationshalle, so können Sie jeden dieser Sätze zum Thema der Meditation machen: »Das Siegel eines Königs«, »Eine Lotosblume erblüht aus jedem Schritt« und »Die Erde entsteht«.

Wählen Sie ein Objekt für Ihre Aufmerksamkeit

Durch die Gehmeditation wollen wir Achtsamkeit und Frieden entwickeln und bewahren. Damit uns dies gelingt, gebrauchen wir Atem, Gehen, Zählen und das Halblächeln. Diese vier Elemente ermöglichen die Entfaltung von *niêm* und *dinh*. *Niêm* bedeutet Bewusstheit, Achtsamkeit; *dinh* heißt »die Aufmerksamkeit auf einen Punkt richten« und ist damit das Gegenteil von Zerstreutheit.

Gehmeditation bringt Achtsamkeit, Konzentration und Frieden hervor.

Die vier Elemente – Atem, Zählen, Gehen und Halblächeln – müssen nicht immer zusammen geübt werden. Es gibt Zeiten, in denen schon das bewusste Gehen genug ist. Ihrem Atem zu folgen, zu zählen und das Halblächeln sind sinnvoll, wenn es für Sie schwierig ist, die Achtsamkeit aufrechtzuerhalten. Doch wenn Sie Ihre Konzentration zum Beispiel zu sehr auf das Gehen richten, wird Ihre Achtsamkeit für Ihre Atmung und das Zählen der Schritte womöglich schwächer. Das ist wie bei einer Glühbirne, die in dem Moment dunkler wird, in dem das elektrische Heizgerät angeschaltet wird.

Vielleicht fragen Sie sich, ob Sie noch die anderen Wunder dieser Erde erleben können, wenn Sie sich ausschließlich auf das Gehen konzentrieren: die wohltuende Kühle im Schatten der Eichen, den würzigen Geruch des frisch geschnittenen Grases. Ja, ihre Aufmerksamkeit neigt dazu, schwächer zu werden, wenn das Umfeld, auf das Sie sich konzentrieren, größer wird. Doch ist es gut, wenn

Sie fähig sind, Ihre Achtsamkeit während des Gehens zu bewahren.

Wenn Sie sich auf das Erblühen einer Lotosblume konzentrieren wollen, sollten Sie dies ausschließlich tun. Wenn Sie das Bild der Erde, die bei jedem Ihrer Schritte neu vor Ihnen ersteht, wählen, richten Sie Ihre Aufmerksamkeit allein auf die Erde, wie sie vor Ihnen ersteht. Setzen Sie Ihren Fuß auf, so nehmen Sie die ganze Erde unter Ihrem Fuß wahr.

Möchten Sie Ihre Aufmerksamkeit auf den Geruch des Grases richten, den Schatten der Bäume, den Himmel oder die Wolken, sollten Sie ihr Gehen unterbrechen. Behalten Sie Ihre Atmung bei und nehmen Sie sie aufmerksam wahr, lassen Sie ein Halblächeln auf Ihrem Gesicht erblühen, bewahren Sie es auf natürliche Weise, und lassen Sie es nicht zur Grimasse erstarren. Setzen Sie nach einiger Zeit Ihre Gehmeditation fort, und richten Sie Ihre Aufmerksamkeit wieder auf das Gehen.

Worte als Objekt der Aufmerksamkeit

Statt Ihre Schritte zu zählen, können Sie auch Worte, einen Satz oder einen Spruch wählen, um sich darauf zu konzentrieren.

Ist Ihr Atemrhythmus zum Beispiel 4–4 und Sie meditieren über »eine Lotosblume erblüht aus jedem Schritt«, so können Sie leise für sich wiederholen: »Lo-tos-blu-me / Lo-tos-blu-me.« Wenn Ihre Atmung 2–4 ist, können Sie sagen: »Lo-tos / Lo-tos-blu-me.« Wenn Sie über die grüne Erde meditieren möchten, dann können Sie sagen: »Auf grü-ner Er-de / auf grü-ner Er-de« (5–5) oder »auf grüner Er-de / auf grü-ner Er-de geh'n.« (5–6)

Denken Sie daran, sich einen Satz oder Spruch zu suchen, der die dem Atemrhythmus entsprechende Anzahl von Silben enthält.

Ist Ihre Übung nun darauf gerichtet, das Reine Land im Hier und Jetzt zu verwirklichen, so können Sie leise wiederholen: »A-mi-ta-bha / A-mi-ta-bha« (4 – 4) oder »Na-mo A-mi-ta-bha / Na-mo A-mitabha « (6 – 6).

Die Silben verbinden Ihren Atem mit Ihren Schritten, und zur selben Zeit lassen sie die grüne Erde erstehen.

DIE ZUKUNFT DER MENSCHLICHEN WESEN HÄNGT VON IHREM SCHRITT AB

Bewegen Sie sich auf natürliche Weise, wenn Sie Gehmeditation üben; Sie müssen Ihre Handflächen nicht zu einer Lotosblüte zusammenlegen oder eine zu formale Haltung einnehmen. Suchen Sie sich eine relativ ruhige Wegstrecke in einem Park oder entlang eines Flussufers. In einem Meditationszentrum können Sie natürlich jederzeit üben. Jeder, der Sie gehen sieht, wird erkennen, dass Sie Gehmeditation üben, und wird Sie nicht stören. Wenn Ihnen jemand auf Ihrem Meditationsweg begegnet, brauchen Sie nur Gasshô zu machen, das heißt die Handflächen in Form einer Lotosblüte vor der Brust zusammenlegen, und dann fahren Sie mit Ihrer Gehübung fort.

Als ich im französischen Seaux lebte, übte ich gewöhnlich am frühen Morgen oder abends Gehmeditation. Der Hund des Nachbarn kam dann meistens heraus und bellte mich an.

Im Zen Arts Center auf Mount Tremper, im Norden des Staates New York, zeigte ich einmal amerikanischen Zenstudenten die Übung der Gehmeditation. Eines Morgens tauchte auch hier ein Hund auf, der uns hinterherbellte. In Amerika ebenso wie in Frankreich sind die Hunde nicht an eine entspannte und ruhige Art des Gehens gewöhnt. Wenn man hingegen sehr schnell geht, finden sie das normal und beachten einen nicht. Ich sagte zu den Studenten: »Wenn ich nächstes Jahr wiederkomme, um mit euch Gehmeditation zu üben, wird der Hund vielleicht nicht mehr bellen, wenn wir vorübergehen. Ihr werdet hier das ganze Jahr über üben können, und der Hund wird allmählich mit eurer Art des achtsamen Gehens vertraut.«

Manchmal denke ich, dass unsere Art zu gehen, zu stehen, zu sitzen und die Dinge zu betrachten, Auswirkungen auf die Tier- und Pflanzenwelt hat. Wie viele Tier- und Pflanzenarten sind schon ausgestorben durch die Schäden, die wir unserem Lebensraum zugefügt haben! Diese Lebensbedingungen wenden sich nun gegen uns. Das verseuchte Trinkwasser und die schlechte Luft haben längst begonnen, menschlichen Wesen zu schaden. Die atomaren Raketensysteme reichen aus, Dutzende von Erdbällen zu vernichten. Doch wir fahren immer noch fort, mehr und mehr Waffen herzustellen, und es scheint, dass wir es nicht beenden können.

Wir Menschen gleichen Schlafwandlern; wir wissen nicht, was wir tun, noch wo wir hinsteuern. Von den friedvollen und achtsamen Schritten eines und einer jeden von uns hängt es ab, ob wir jemals erwachen werden.

Die Zukunft der Menschheit ebenso wie die Zukunft aller Lebewesen hier auf der Erde hängt somit von Ihren Schritten ab.

Lassen Sie mich mit Ihren Füßen gehen

Der Vietnamkrieg hat dem vietnamesischen Volk unzählige Verletzungen an Körper und Geist zugefügt.

Es gibt viele Buddhisten, die einen Arm verloren haben und nun nicht mehr in der Lage sind, ihre Handflächen zusammenzulegen, um zum Buddha zu beten oder einander zu grüßen. Viele haben ein Bein verloren und können nicht länger in der Lotos- oder Halblotos-Position sitzen, um zu meditieren, und sie können nicht mehr Gehmeditation üben.

Im letzten Jahr kamen zwei dieser Menschen zum Phuong-Van-Tempel, um an einem Retreat teilzunehmen. Wir mussten verschiedene Methoden ausprobieren, damit sie üben konnten. Sie saßen auf Stühlen in der Ecke der Meditationshalle, während die anderen auf ihren Kissen und Matten auf dem Holzboden in der Lotos- oder Halblotos-Position saßen. Ich zeigte ihnen, wie man Gehmeditation im Zendô übt, und schlug ihnen vor, sich eine meditierende Person auszusuchen, ihren Schritten achtsam mit den Augen zu folgen und mit ihr eins zu werden. Auf diese Weise konnten sie friedvolle und ruhige Schritte auf dem Holzboden machen. So können auch die, die nicht gehen können, Lotosblumen aus ihren Schritten erblühen lassen. Die Menschen empfanden diese Methode als hilfreich und fruchtbar. Als sie das erste Mal so übten, sah ich Tränen in ihren Augen.

Sie haben vielleicht noch zwei Arme und zwei Beine, Sie können Ihre Handflächen zu einer Lotosblume zusammenlegen und auf einfache und entspannte Weise Sitz- und Gehmeditation üben.

Sie sollten wissen, wie glücklich Sie sich schätzen können. Lassen Sie uns meditativ gehen im Bewusstsein, dass wir dies auch für uns und unsere Freunde tun, die auf dem Stuhl sitzen und unseren Schritten folgen.

Verstehen Sie, dass Sie für viele Mitmenschen gehen?

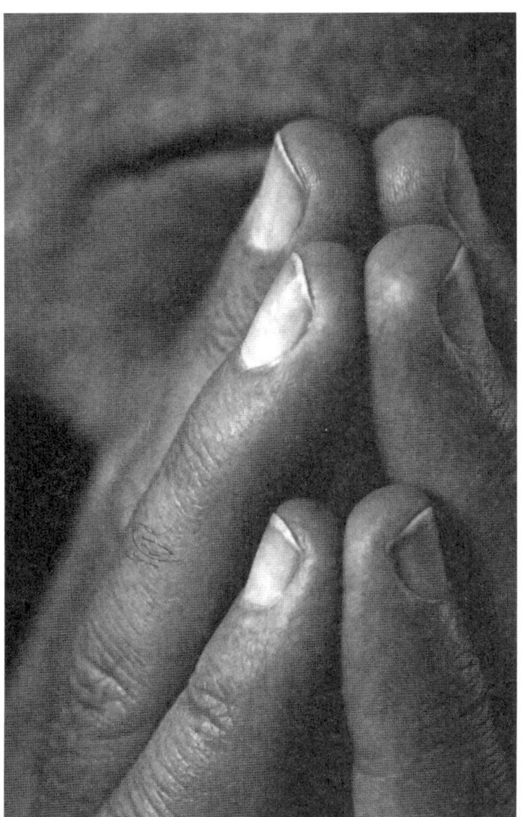

GEHEN, UM FRIEDEN ZU FINDEN

Sie können Gehmeditation auch mit einer anderen Person üben, wenn Sie schweigend zusammen gehen, doch ist es einfacher, sich zu konzentrieren, wenn Sie allein üben. Ich stehe jeden Morgen früh auf, um Gehmeditation zu üben; und während des Tages übe ich, wann immer ich freie Zeit habe, von fünf Minuten bis zu einer halben Stunde.

Gehmeditation kann Frieden, Achtsamkeit und viel Glück bringen. Lassen Sie uns jeden Weg auf dieser Erde in einen Weg der Gehmeditation verwandeln. Wenn Sie keine Gehmeditation üben, tun Sie sich selbst nichts Gutes; Sie tun mir nicht gut, und dem Leben aller Wesen erweisen Sie auch keine Wohltat.

Verlangsamen Sie in den ersten Tagen der Übung Ihre Schritte; diese werden vielleicht noch unsicher sein wie die Schritte eines Babys, wenn es beginnt, laufen zu lernen. Folgen Sie Ihrem Atem, konzentrieren Sie sich auf Ihre Schritte, und Sie werden herausfinden, dass sie sicherer werden.

Haben Sie schon einmal eine Katze beobachtet, wenn sie sich langsam bewegt, oder eine Kuh? Die Kuh macht sehr genaue und sichere Schritte. Die Katze bewegt sich sanft und geschmeidig. Wenn Sie regelmäßig Gehmeditation üben, werden Sie sehen, dass Ihre Schritte auch genauer, sicherer und geschmeidiger werden.

SO GEHEN, DASS ALLE WESEN IN FRIEDEN SIND

Die Luft scheint frühmorgens und abends kühler und reiner zu sein als am Tag. Keine Energiequelle ist so heilsam wie frische Luft. Während Sie Gehmeditation üben, nehmen Sie diese Energie in sich auf und fühlen sich gestärkt in Körper und Geist. Bei regelmäßiger Übung werden Sie eine deutliche Veränderung in Ihrem täglichen Leben erkennen können.

Ihre Bewegungen werden leichter werden, nicht mehr so überhastet, und Sie werden bewusster in Ihrem Tun. Während Sie mit Ihren täglichen Aktivitäten beschäftigt sind, werden Sie sehen, dass Sie ruhiger sind, die Dinge tiefer verstehen und die Welt mit größerem Mitgefühl betrachten.

Alles auf dieser Welt, ob bekannt oder unbekannt, groß oder klein, vom Mond und den Sternen bis zu den Blättern und den Raupen – alles wird friedvoll werden aufgrund der Schritte, die Sie tun.

Sie können nur dann voller Frieden sein, wenn Sie klar sehen und verstehen

Bevor ich schließe, möchte ich Ihnen gern noch etwas anvertrauen. Ich habe Ihnen erzählt, dass unsere Welt jedes Wunder des Reinen Landes enthält. Aber ich habe Sie nicht daran erinnert, dass unsere Erde etwas hat, was das Reine Land nicht kennt: das Vorhandensein von Leiden.

Wenn ich zögere und nicht in die Welt des Reinen Landes eingehen möchte, dann nicht allein, weil es im Reinen Land keine Apfel- und Kastanienbäume gibt, sondern auch, weil es dort kein Leiden gibt. Die erste und grundlegende Tatsache, die ein Buddhist, eine Buddhistin zu begreifen hat, ist die Anwesenheit von Leiden in unserer Welt. Shakyamuni Buddha hat darauf in der ersten der vier Edlen Wahrheiten hingewiesen. Wenn Sie dies nicht erkennen, können Sie nicht wirklich den Lehren des Buddhismus folgen. Es ist die Wahrnehmung des Leidens, die Mitgefühl erzeugt und den Willen, unseren Lebensweg zu verwirklichen. Mitgefühl und Weisheit sind eins.

Als ich nach Europa zurückkehrte, nachdem ich versucht hatte, den *boat people* zu helfen, empfand ich sehr deutlich, dass das westliche Leben nicht mein Leben ist. Ich war gerade Zeuge der Leiden der Flüchtlinge auf See geworden und landete nun auf dem Flughafen von Paris. Bei meiner Fahrt nach Hause fuhr ich an Einkaufszentren, Supermärkten und glitzernden Fassaden vorbei, getaucht in farbiges Neonlicht. Es war, als bewegte ich mich in einem Traum. Wie ist es möglich, dass es einen solchen Unterschied zwischen zwei Lebenssituationen gibt? Auf der einen Seite die elende Lage jener verzweifelten Menschen auf See, die verfolgt, beraubt, vergewaltigt und getötet werden; auf der anderen Seite die Situation von Menschen, die ihr Vergnügen im Alkohol und in farbig glitzerndem Neonlicht zu suchen scheinen.

Keine einzige der heiligen Lehren kann die direkte Wahrnehmung des Leidens ersetzen.

Während des Vietnamkrieges konnten sich die Menschen im Westen Szenen des Krieges im Fernsehen ansehen. Ich frage mich, ob sie durch das Betrachten der Bilder auf ihren Bildschirmen wirklich ein Verständnis für die Situation entwickeln konnten. Ich habe solche Bilder auch gesehen, und ich glaube nicht, dass sie wirkliches Leiden vermitteln, es erfahrbar machen können.

Unterschlagen wir nicht die Hälfte des Dharmaschatzes

Ich halte unser tägliches Leben für die beste Grundlage, um zu lernen, wie wir friedvoll leben können. Manchmal neigen buddhistische Lehrer dazu, den Dharma-Schatz nur mit dem Guten und Schönen zu identifizieren. In dem Ausspruch: »Violetter Bambus und gelbe Blumen sind nichts anderes als der Dharma-Schatz; weiße Wolken und der Mond entfalten die ganze Wahrheit«, wird aber die Hälfte unserer wahren Natur unterschlagen.

Das tatsächliche Gesicht unserer wahren Natur ist auch der Schmutz – Gier, Hass, Unwissenheit –, das Leiden und das Morden unter den Menschen. Im Reinen

Land wird der Gesang der Vögel zur Stimme des Dharma. Auch auf Erden kann der Gesang der Vögel unsere wahre Natur offenbaren. Ein Meister sagte einst: »Alle Dinge sind von Anbeginn weder geboren, noch vergehen sie.« Er verfasste ein Gedicht als Kommentar:

Wenn der Frühling kommt,
feiern Tausende von Blumen.
Und der goldene Vogel singt
im grünen Weidenbaum.

Für uns drückt das Singen der Vögel oft Freude, Schönheit und Reinheit aus; es erweckt unsere Liebe zum Leben. Aber wenn wir tiefer schauen, erkennen wir, dass Vogelgesang auch Leiden erzeugen kann.

Eines Tages, als ich ruhig im Wald saß, durchfuhr mich ein Zittern, als ich den Ruf eines Vogels hörte. Ich konnte sehen, dass die Würmer, die unter dem Laub oder in der Aushöhlung eines Baumes verborgen waren, ebenfalls zitterten, genauso, wie ich es tat. Der Ruf der Vögel kann Würmer und Insekten verängstigen; so wie Menschen Angst empfinden, wenn sie das Brüllen eines Tigers hören. Das Lied, das Schönheit und Freude zum Ausdruck bringt, kann ebenso Angst und Leiden hervorrufen.

Bodhisattvas als unsere Reisegefährten erwählen

Die Übung der Gehmeditation hilft uns, unsere Augen für die vielen Wunder des Universums zu öffnen. Sie verwandelt unsere Erde in das Reine Land. Sie hilft uns, Ärger und Sorgen loszulassen, und bringt uns Frieden. Aber Gehmeditation hilft uns auch, das Leiden in der Welt wahrzunehmen. Ich sage oft zu meinen Schülerinnen und Schülern: »Wenn ihr nicht wahrnehmt, was vor euch und um euch herum geschieht, wie könnt ihr dann erwarten, eure eigene Natur zu erkennen? Ihr könnt eure wahre Natur nicht sehen, wenn ihr die Augen verschließt. Im Gegenteil: Ihr müßt eure Augen öffnen und aufwachen, um die wirkliche Situation in der Welt zu erfassen. Nur so könnt ihr euren ganzen Dharma-Schatz, euren eigenen Dharma-Körper vollständig sehen. Die Bomben, der Hunger, das Streben nach Reichtum und Macht – das alles ist nicht getrennt von eurer Natur, sondern Teil von ihr.«

Die Landstraßen mit dem Geruch von frischem Heu, die Pfade im Schatten der Eichen, die Wege, bedeckt mit einem Teppich aus farbigem Laub – dies sind Ihre Gehmeditationswege. Bitte, erfreuen Sie sich an ihnen. Sie führen Sie nicht in ein Vergessen; vielmehr können Sie, wenn Sie gehen, bewusster werden. Sie können aufwachen, so dass Sie das wirkliche Leiden in der Welt sehen können. Dann ist jeder Weg, jede Straße – von den Außenvierteln Beiruts bis zu den Straßen Vietnams, wo Minen vergraben sind, die noch immer explodieren und Kinder und Bauern töten –, jeder Pfad dieser Welt Ihr Meditationsweg. Wenn Sie einmal erwacht sind, werden Sie nicht zögern, diese Wege zu gehen.

Sie werden leiden, aber nicht aus Zweifel, Ärger oder Angst um sich selbst. Sie werden leiden aus tiefer Verbundenheit mit allen Wesen, denn Sie empfinden das grenzenlose Mitgefühl eines Erleuchteten, eines Bodhisattvas.

Bibliografische Information der Deutschen Bibliothek Die
Deutsche Bibliothek verzeichnet diese Publikation in der
Deutschen Nationalbibliografie;
detaillierte bibliografische Daten sind im Internet
über https://dnb.de abrufbar.

ISBN 978-3-95883-080-6
E-Book ISBN 978-3-95883-110-0

Titel der Originalausgabe:
A guide to walking meditation, erschienen bei La Boi, Paris

Projektbetreuung: Amelie Ullrich
Gestaltung und Satz:
Tina Agard Grafik & Buchdesign, Stuttgart Titelillustration: ©
iStockphoto: Branchegevara Abbildungsverzeichnis:
S. 10: Screeny / photocase.de, S. 12: suze / photocase.de
S. 18: MPower. / photocase.de, S. 22: Mr. Nico / photocase.de

S. 26: matttilda / fotolia.de, S. 32: fussballfreund / photocase.de
S. 35: kemai / photocase.de, S. 38: Helgi / photocase.de
S. 40: time. / photocase.de, S. 44: bit.it / photocase.de
S. 48: Tinvo / photocase.de, S. 52: glückimwinkl / photocase.de
S. 63: Jearu / fotolia.de, S. 68: daniel.schoenen / photocase.de
S. 75: jadon / photocase.de, S. 79: Dragon30 / photocase.de
S. 82: ruckszio / photocase.de, S. 89: jarts /photocase.de
Druck: CPI – Clausen & Bosse, Leck

www.kamphausen.media